Lis, découvre et comprends !

L'encyclopédie des petits

Les chevaliers

SOMMAIRE

DEVENIR UN CHEVALIER 7

UNE VIE DE CHEVALIER 29

VIVRE AU CHÂTEAU 55

LE CHÂTEAU ATTAQUÉ 73

DES CHEVALIERS REMARQUABLES 83

INDEX 92

DEVENIR UN CHEVALIER

LE TEMPS DES CHEVALIERS

Les chevaliers vivaient pendant la période du Moyen Âge. Perché dans son château fort, le seigneur domine le village aux rues étroites et pleines de vie.

Au Moyen Âge, chacun a son rôle à jouer...

Quel travail ! Labourer, semer, moissonner, les **paysans** ont la vie dure et ne s'arrêtent jamais.

Ils donnent une partie de leur **récolte** au **seigneur** et doivent aussi faire des corvées.

Tisser la laine, tailler les vêtements, forger le métal, c'est le métier des **artisans**.

Combattre et protéger la population, voilà la mission des seigneurs et des **chevaliers**.

Le **prêtre** est présent dans la vie des gens pour tous les moments importants.

À l'abri du monastère, les **moines** cultivent leurs terres, soignent les malades et font des prières.

NAÎTRE ET GRANDIR AU CHÂTEAU

Le futur chevalier naît le plus souvent dans un château. Son père est seigneur et sa mère vient d'une famille noble et riche.

La dame est **enceinte**. Espérons qu'elle attende un garçon pour qu'il devienne chevalier !

Félicitations ! C'est un petit **garçon** ! La dame reprend des forces avec un bon bouillon.

On donne un bain au nouveau-né avant de l'**emmailloter**.

Le voilà tout propre, prêt à être **présenté** à son père !

Tout petit, le bébé est **baptisé** par le curé. On veut ainsi le protéger.

Pendant deux ans, c'est une **nourrice** qui le nourrit et s'en occupe tous les jours.

UNE JOURNÉE D'ENFANT AU CHÂTEAU

Il fait froid, au château. À plusieurs serrés dans un lit, on a bien plus chaud !

Quelle chance ! Les enfants du seigneur ont droit à un petit repas le matin : de la bouillie, des œufs, des fruits.

La dame s'occupe d'enseigner aux enfants la religion et les bonnes manières.

Ils ne vont pas à l'école mais apprennent à lire, à écrire et à compter avec le **chapelain** du château.

Jusqu'à l'âge de 7 ans, garçons et filles grandissent et jouent ensemble à la toupie, à la poupée, aux billes dans la cour du château.

Le sais-tu ?

Les enfants mangeaient-ils des frites au Moyen Âge ?

Réponse : Pas de pomme de terre au Moyen Âge ! Elle a été rapportée d'Amérique bien plus tard.

LA VIE D'UN PETIT PAGE

Vers l'âge de 7 ans, le futur chevalier quitte le château de ses parents. En route pour une nouvelle vie et la première étape de sa formation de chevalier... Il y a tant à apprendre !

AU TRAVAIL, PETIT PAGE !

Thibaud est d'abord **galopin.** Il nettoie les écuries et prend soin des chevaux.

À 10 ans, il devient **page.** Quel travail ! Aider le seigneur à s'habiller...

... bien se tenir et **servir** les plats au seigneur lors des repas...

... **accompagner** la dame pendant la journée et apprendre les bonnes manières...

... apprendre à **tirer à l'arc ou à la fronde** pour chasser les oiseaux...

... vaincre sa peur pour entrer dans la forêt et repérer les **traces** d'animaux...

UN PEU DE DÉTENTE

Colin-maillard est le jeu préféré de Thibaud. Avec les yeux bandés, il faut reconnaître la personne qu'on a attrapée.

Le soir, il participe à la **veillée** et il lui arrive de chanter et de danser.

SE FORMER À LA GUERRE

Le petit page est encore jeune, mais il commence déjà à se préparer pour le jour où il devra combattre. Il faut beaucoup s'entraîner pour devenir chevalier.

Avant d'utiliser de vraies armes, le page apprend à manier une **épée de bois.**

Avec ces épées plus légères, les pages font leurs premiers **combats**... sans danger.

Que d'efforts pour lancer le **javelot** le plus loin possible !

Pas facile de porter la **lance**, une arme lourde et encombrante !

Le jeu est un bon moyen de s'entraîner à la **lutte** tout en s'amusant.

Rendez-vous aux écuries !

Avant de devenir de vrais **cavaliers**, les jeunes garçons doivent se sentir à l'aise avec les **chevaux**.

Faire ses premiers pas avec un cheval docile

S'entraîner sur un mannequin de bois

Brosser un cheval

Conduire un cheval sous le regard de l'écuyer

LES PAGES FONT BEAUCOUP DE SPORT POUR ÊTRE EN BONNE FORME :

Marcher sur les mains pour se muscler.

Sauter de haut sans avoir peur.

Courir le plus vite possible.

DEVENIR ÉCUYER

Vers l'âge de 14 ans, le jeune page devient écuyer : le voilà entièrement au service du seigneur. Il est très fier de ses nouvelles responsabilités.

Pour l'anniversaire du garçon, le seigneur organise un **banquet** et lui attribue le nom d'**écuyer** devant ses parents, invités pour l'occasion.

L'écuyer participe maintenant aux **assemblées** et apprend à bien s'exprimer.

L'écuyer se tient toujours prêt pour le seigneur : il prépare l'arc et les flèches pour la **chasse**...

... et s'occupe d'**équiper** le cheval pour la sortie en forêt.

Pendant les repas, il **tranche** la viande du seigneur et reste debout à ses côtés.

Apprendre à manier les armes

S'EXERCER À LA QUINTAINE

L'écuyer Thibaud s'élance au galop contre la **quintaine**...

Gare à lui s'il rate son coup ! La quintaine pivote et le renverse d'un **coup de masse.**

Thibaud fait un nouvel **essai** et la renverse. Bravo !

ÉCUYER SUR LE CHAMP DE BATAILLE

L'écuyer ne combat pas encore, mais il est fidèle au seigneur et reste toujours aux aguets sur le champ de bataille pour lui apporter de l'aide en cas de difficulté.

L'écuyer aide le seigneur à revêtir son **armure**, qu'il ne peut pas mettre tout seul.

Voilà le seigneur prêt au combat. L'écuyer porte l'**écu**, d'où son nom !

Il mène par la **bride** le **destrier**, cheval de guerre du seigneur.

Pendant le combat, l'écuyer se tient **prêt** à réagir.

Il aide le seigneur à **parer** les coups et lui donne de nouvelles armes au bon moment.

Le seigneur est blessé ! L'écuyer l'aider à **se relever** et lui fournit un cheval frais.

Après le combat… l'écuyer est encore bien occupé.

Il doit **panser** et nourrir le destrier du seigneur…

… nettoyer les armes et les **frotter** avec vigueur pour qu'elles brillent…

… remettre en état les armes abîmées avec l'aide du **forgeron**…

… réparer patiemment la **cotte de mailles**…

… et **secouer** l'armure avant de la nettoyer soigneusement.

Il en faut du **courage** et de la **résistance** pour être un bon écuyer !

BIENTÔT PRÊT !

Thibaud est maintenant capable de **chevaucher** tout en maniant sa **lance.**

Il commence même à se battre aux côtés du seigneur. Quelle fierté quand il parvient à montrer sa **bravoure** !

DES LOISIRS BIEN MÉRITÉS

Heureusement, l'écuyer a aussi quelques moments de repos et de loisir, qu'il partage avec les autres écuyers du château et avec toute la maisonnée du seigneur.

Au **jeu de paume**, les écuyers, équipés d'un gant, se renvoient une balle de cuir de part et d'autre d'un filet.

Pratiquer le tir à l'arc est un exercice d'**adresse** mais aussi un plaisir pour l'écuyer.

L'écuyer apprend à danser de mieux en mieux avec les dames du château. Il devient **élégant** et **gracieux**.

DES HISTOIRES QUI FONT RÊVER

Thibaud aime plus que tout écouter les récits de **chevalerie**.

Il est émerveillé en découvrant les **exploits** des chevaliers et des rois.

Il adore aussi les histoires d'amour racontées et chantées par les **troubadours**.

Une veillée au château

Parmi ces instruments du Moyen Âge,
trouve l'intrus qui n'appartient pas à la même famille que les autres.

Amuse-toi !

le **rebec** | la **viole de gambe** | le **luth** | la **trompette**

Réponse : La trompette (le seul instrument à vent et non à cordes).

ENFIN CHEVALIER !

Le grand jour est arrivé : vers l'âge de 18 ou 20 ans, l'écuyer est fait chevalier lors d'une grande cérémonie appelée l'adoubement. C'est l'un des moments les plus importants de sa vie.

La veille de la cérémonie, l'écuyer **coupe** ses cheveux à ras et prend un bain pour être **propre** et **pur**.

Toute la nuit, il **prie** dans la chapelle sans bouger, ni manger ni dormir.

Le matin, habillé d'une longue **tunique** rouge, il assiste à la messe avec d'autres écuyers prêts à être **adoubés**.

Dans l'église, il dit à voix haute le **serment** des chevaliers et jure devant Dieu d'être **courageux** et **généreux**.

Le prêtre **bénit** l'épée du chevalier avant de la lui donner.

VIVE THIBAUD, LE NOUVEAU CHEVALIER !

Thibaud vient d'être **adoubé.** Un jeune page lui amène son cheval, offert par le seigneur.

Pour montrer son adresse, il fait des **prouesses.**

Il est le **héros** du jour et profite du **banquet** organisé pour lui.

LE CODE DES CHEVALIERS

Être chevalier est un honneur qui se mérite. Dans l'idéal, tout chevalier doit respecter des règles, se montrer plein de courage, maîtriser ses colères et faire le bien autour de lui.

La bravoure

Vaincre sa peur et **partir** à l'aventure.

Être **courageux** sur le champ de bataille et ne pas avoir peur de la mort.

L'honneur

Aider un compagnon blessé et ne jamais l'abandonner.

Se battre **loyalement** et ne jamais attaquer sans avoir averti son adversaire.

La générosité, le respect et la fidélité

Se montrer **généreux** et **partager** sa richesse avec les plus pauvres.

Être **courtois** et **respectueux** envers les dames.

Être **fidèle** à son seigneur et ne jamais le trahir.

La trahison

Gare au chevalier qui refuse de servir l'église ou son seigneur !

Il **perd** son titre de chevalier. Ses **éperons** sont coupés et ses armes, détruites.

Amuse-toi !

Regarde bien ces images.

Pour chacune, à toi de dire si le chevalier respecte le code d'honneur ou pas.

1.

2.

3.

Réponse : le chevalier respecte le code d'honneur dans l'image 1, mais pas dans les images 2 et 3.

LE BLASON DU CHEVALIER

Pendant les batailles, difficile de se reconnaître quand on est en armure de la tête aux pieds ! Chaque chevalier porte sur son bouclier un blason unique qui permet de l'identifier.

Grâce à leur **blason**, ces deux chevaliers savent qui ils vont affronter.

Le **héraut** est le champion des blasons. Il **annonce** celui des chevaliers avant de dire leur nom.

Pour connaître les blasons sur le bout des doigts, le héraut les dessine sur un **parchemin**.

Un seul blason par famille ! Le père le **transmet** à son fils aîné.

Parfois, un chevalier porte un blason qui **mêle** celui de son père et celui de sa mère.

Des dessins et des couleurs

À chaque **couleur** sa **signification**

Blanc pour la pureté

Vert pour la courtoisie

Rouge pour le courage

Bleu pour la loyauté

Noir pour la prudence

Il y a aussi deux métaux : l'**or** et l'**argent**

Lion, licorne, dauphin, dragon, les **animaux** réels ou imaginaires ont une place de choix.

Des blasons célèbres

Le blason d'azur aux trois fleurs de lys du roi de France

Le blason d'azur aux treize couronnes du roi Arthur

À toi de jouer !

Dessine ton propre blason et donne-lui de belles couleurs.

UNE VIE DE CHEVALIER

SERVIR LE SEIGNEUR

Le chevalier est un combattant très entraîné. Il jure fidélité à son seigneur et fait la promesse de toujours le servir et le défendre.

La pyramide féodale

Pendant la **cérémonie** de l'hommage, le chevalier se met à genoux devant le seigneur, son **suzerain.**

Il est maintenant le **vassal** du seigneur et jure de lui rester **fidèle.**

Quelle chance ! Le chevalier reçoit en cadeau un **fief,** un bout de terre sur lequel il pourra s'installer.

Cela coûte **cher** d'être un chevalier ! De temps en temps, le seigneur fait un **cadeau** à son vassal.

Si le seigneur est fait prisonnier, c'est au tour de son vassal de l'**aider.**

Pour les **décisions** importantes, le seigneur **réunit** ses vassaux dans son château.

PARTIR À LA CHASSE

La chasse est une des occupations préférées des seigneurs et des chevaliers. Elle leur permet de rester en forme et d'avoir de la viande fraîche pour les banquets.

Le **fauconnier** dresse le faucon pendant plusieurs années pour lui apprendre à chasser.

La dame a repéré un lièvre. Elle libère le faucon, qui fond sur sa **proie** et l'attrape dans ses **serres.**

Les **chiens de chasse** sont très bien soignés et nourris par les valets.

Gare au paysan pris en train de chasser sur les terres du seigneur! Il est sévèrement **puni** et peut même être tué.

Régulièrement, le seigneur organise des **battues** pour chasser le loup avec l'aide des paysans.

À la chasse à courre, le seigneur et ses chevaliers poursuivent le gibier jusqu'à l'épuiser. Quel sport !

Dans la grande image, des petits animaux se sont cachés pour échapper aux chasseurs...

À toi de les retrouver !

Amuse-toi !

un **lièvre**

un **blaireau**

un **faisan**

un **lapin**

PARTICIPER AUX TOURNOIS

Pour se préparer à la guerre et montrer leur courage, les chevaliers s'affrontent dans des tournois et des joutes. C'est un bon moyen de gagner de l'argent. Mais ce sont des jeux très violents !

Dans le **tournoi**, deux équipes s'élancent l'une contre l'autre, lances en avant. C'est la **mêlée.**

Pas question de faire n'importe quoi ! Les **juges** sont là pour arbitrer et faire respecter les règles.

Les chevaliers s'affrontent pour **s'amuser**, mais il y a quand même de nombreux **blessés.**

Grâce aux tournois, un chevalier peut gagner fortune et célébrité. En cas de **victoire**, il repart avec le cheval et les armes du perdant.

Pendant plusieurs jours, le chevalier **fête** sa victoire… en attendant le prochain tournoi.

La joute

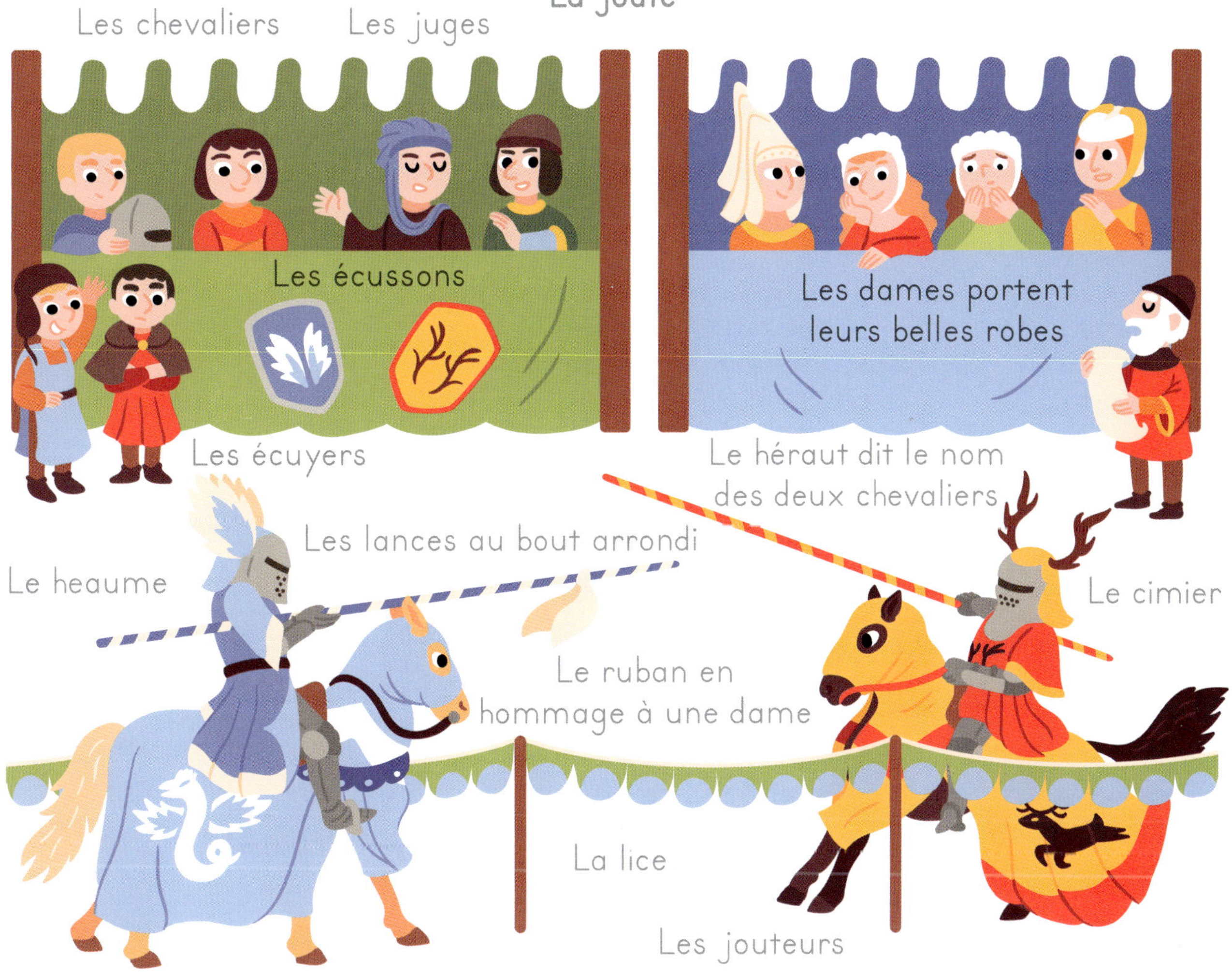

Première **joute** importante pour le chevalier Guillaume !

Il a cassé sa lance et fait tomber son adversaire. Le **combat** continue à pied et à l'épée.

Bravo Guillaume ! Son adresse a été remarquée et le voilà **récompensé.**

SE MARIER

C'est un grand événement pour le chevalier ! Pour célébrer son mariage avec une jeune fille noble et riche, plusieurs jours de fête sont prévus.

Ce sont les **parents** qui **décident** des mariages.

En mariant son fils aîné, le seigneur **allie** sa famille à une autre famille **noble** possédant des **terres.**

Ce jeune chevalier est récompensé de ses **prouesses.** Son suzerain lui accorde la **main** de sa fille.

Parfois, les **alliances** sont décidées quand les enfants sont encore tout petits.

Les autres fils du seigneur deviennent **moine, prêtre** ou **chevalier.**

Plus une jeune fille est riche, plus elle a de chances de **trouver** un **mari.**

L'ORGANISATION DU BANQUET

Quelle agitation dans les cuisines du château ! Tout le monde s'active pour préparer de magnifiques repas de fête pour les nombreux invités.

Des réserves dedans...

Les grands **celliers** du château sont remplis de nourriture.

Pour éviter les incendies, la **cuisine** est située dans la **cour**, un peu à l'écart.

Dans la **cave**, après les **vendanges**, on garde le vin dans des tonneaux de bois.

... et dehors

Le château possède parfois des **ruches**. On raffole des sucreries : noisettes au miel et fruits confits.

Dans le **verger**, on cueille des fruits frais : cerises, prunes, figues pour en faire de bonnes compotes.

UN FESTIN D'EXCEPTION

Pour cette grande occasion, le seigneur offre à ses invités un magnifique festin. Il veut leur faire plaisir, mais aussi montrer sa puissance et sa richesse.

Pas de table fixe dans le château. Pour les banquets, on installe un plateau de bois sur des **tréteaux.**

Pour annoncer le début du repas, un serviteur sonne le **cor.**

Vins et plats sont goûtés. Le seigneur a peur d'être **empoisonné.**

La **fourchette** ne sert qu'en cuisine. Quand on est bien élevé, on mange avec trois doigts.

Les invités utilisent un **gobelet** pour deux. On évite de boire la bouche pleine !

On pique la **viande** directement avec la pointe du couteau.

À chacun son rôle pour préparer ce grand repas de trente plats.

Donne à chaque serviteur ce qui lui appartient.

1. l'échanson
2. le panetier
3. l'écuyer

a. le couteau
b. le pichet de vin
c. la pile de pains

Amuse-toi !

Réponses : 1b ; 2c ; 3a.

JOURS DE FÊTE

Pour distraire ses invités pendant ces longs banquets, le seigneur fait venir des jongleurs, des troubadours, des musiciens. Quelle ambiance au château !

Le **jongleur** est un **artiste** professionnel qui **se déplace** de château en château.

Il jongle avec des **objets**…

… et fait des **acrobaties.**

Le **bouffon** pose des devinettes et fait rire l'assemblée. On l'appelle aussi le **fou** du seigneur.

Tout le monde s'exclame à l'arrivée du **montreur d'ours.**

Le **troubadour** est un **poète** qui imagine, raconte et chante amours et exploits des chevaliers.

La danse au rythme des instruments

Retrouve dans la grande image de la danse :

le **pipeau** — le **chien** — la **balle du jongleur** — la **danseuse avec une coiffe bleue**

Amuse-toi !

S'ÉQUIPER POUR LA GUERRE

Pour aller au combat, mieux vaut être bien protégé. Au fil du temps, l'armure du chevalier a beaucoup changé.

Les premiers chevaliers portent une simple tunique de mailles, le haubert, par-dessus le gambison, un vêtement matelassé.

Au XIIIe siècle, le haubert couvre mieux les bras et les jambes. La tête est protégée par un heaume.

Au XIVe siècle, l'armure se renforce avec des plaques d'acier fixées par des lanières de cuir.

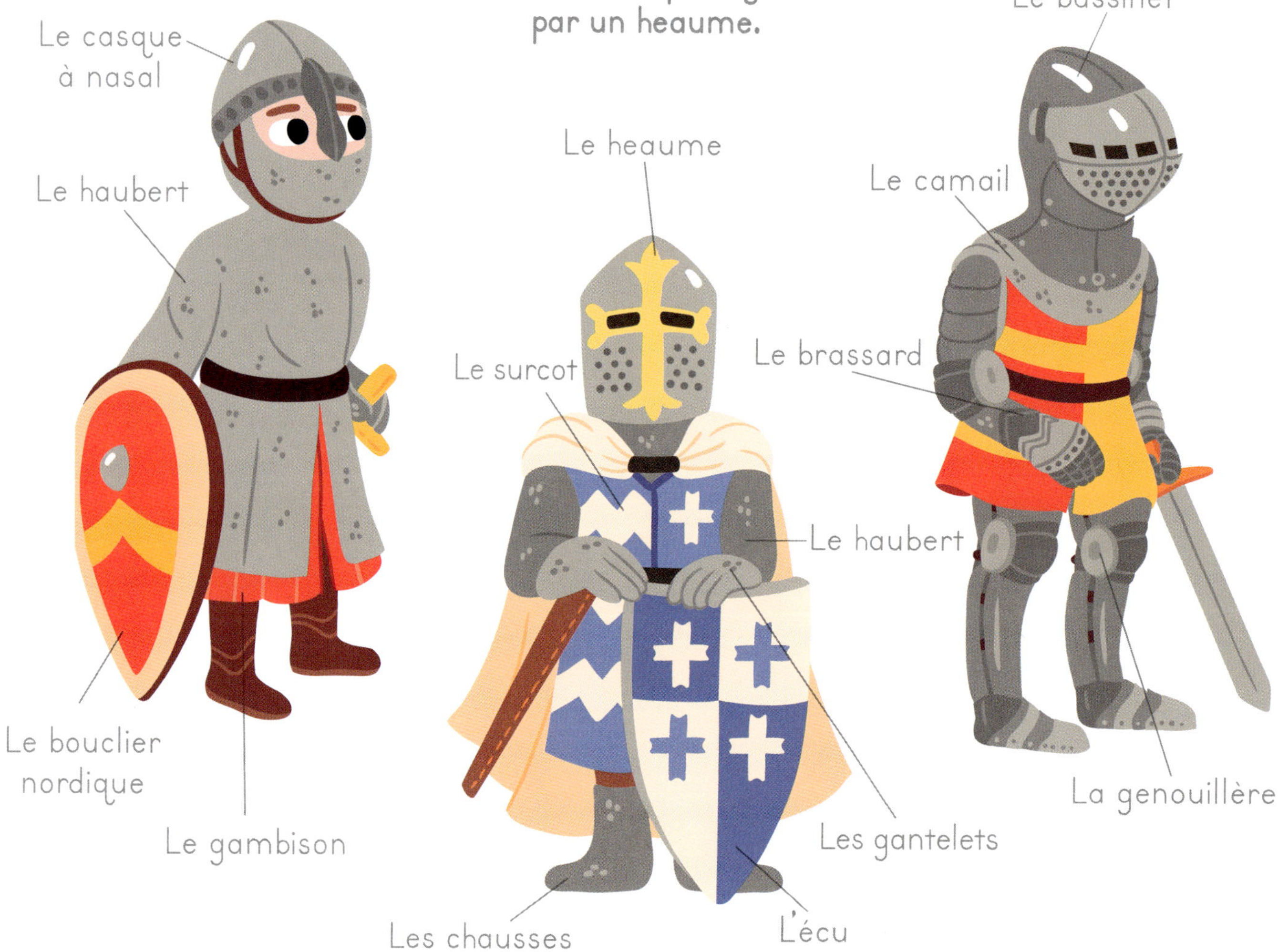

Et voici le chevalier du XVe siècle avec son armure de plates complète, très efficace… mais moins légère !

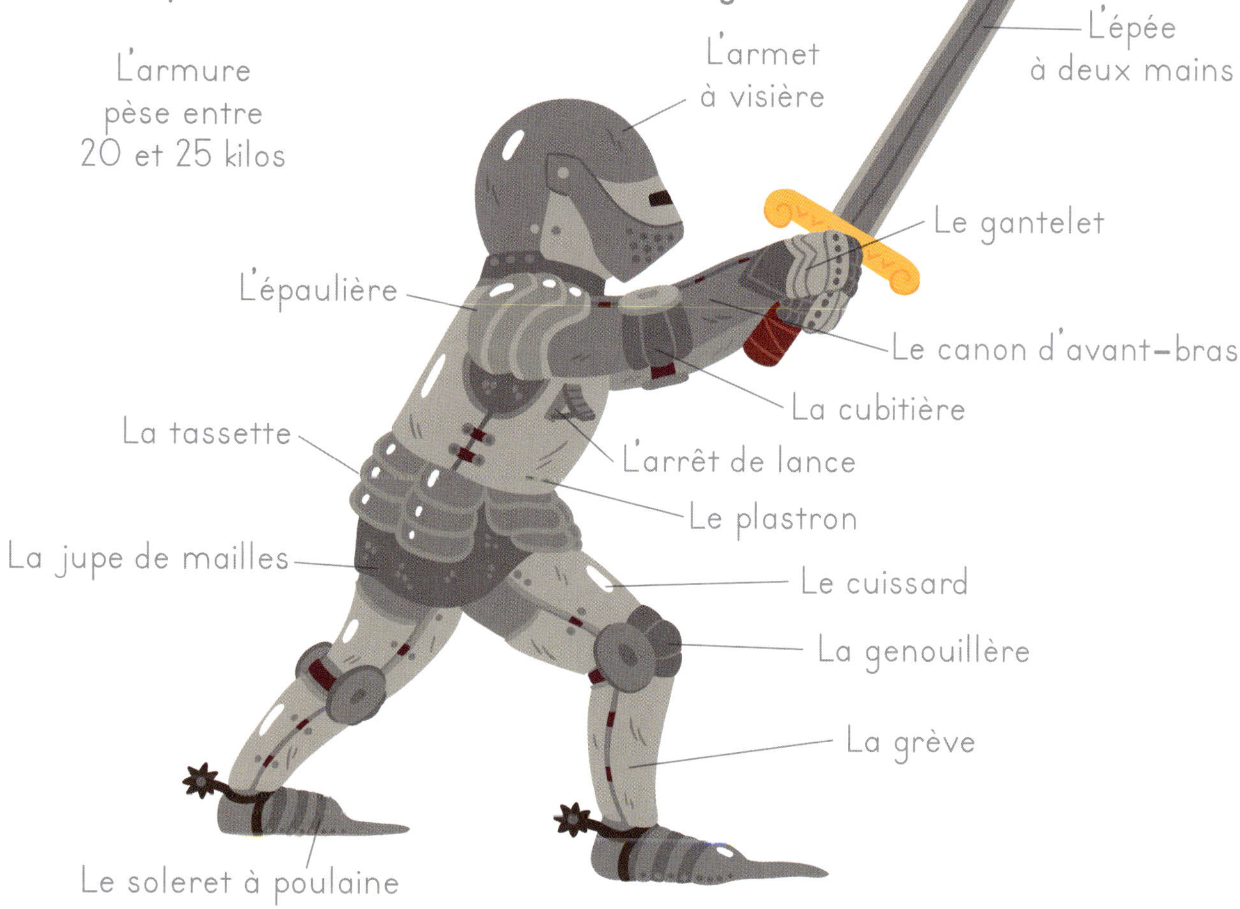

LE TRAVAIL DES ARMURIERS

Quelle patience pour assembler tous les **anneaux** de la cotte de mailles !

Chaque **pièce** de **métal** était travaillée et courbée pour **s'adapter** au corps du chevalier.

Une armure **sur mesure** coûtait une fortune. Seuls les **riches chevaliers** pouvaient en acheter une.

LES CHEVAUX DU CHEVALIER

Pas de chevalier sans cheval. Les chevaux sont les fidèles compagnons du chevalier, qui en possède souvent plusieurs. Chacun a sa fonction : la chasse, la guerre, le tournoi, les voyages...

Le destrier, rapide, agile et résistant, est le cheval de combat.

DES CHEVAUX AU CHÂTEAU

Un chevalier possède plusieurs chevaux pour pouvoir **remplacer** ceux qui s'épuisent ou meurent au combat.

Dans un château, il peut y avoir près de cent chevaux. Cela fait du monde à nourrir !

Les riches chevaliers protègent leur destrier avec une armure faite de plaques articulées, la **barde.**

Pour la **parade** et les loisirs, le chevalier monte le **palefroi** souple et élégant. Il coûte aussi cher que le destrier.

Lent et costaud, le **sommier** peut porter les lourds équipements des chevaliers.

Le **coursier**, très rapide et fort, est utilisé pour les voyages et la chasse.

Le **roncin** est un cheval robuste parfait pour voyager. Les chevaliers pauvres s'en servent au combat.

Le plus souvent, les dames choisissent la **haquenée**, une jument douce et facile à monter.

LES ARMES DU CHEVALIER

L'épée est l'arme préférée des chevaliers et ils y sont très attachés. Mais pour se battre contre l'ennemi, d'autres armes sont aussi très efficaces et puissantes.

Avec son épée à double tranchant, le chevalier peut **tailler** l'armure de son adversaire.

Plus tard, devenue très pointue, l'épée est capable de **transpercer** les jointures d'une armure. C'est le **coup d'estoc.**

Maniée à deux mains par le chevalier tombé de son cheval, la **grande épée** donne des coups violents.

Il faut près de 200 heures de travail pour fabriquer une bonne épée. Elle a beaucoup de **valeur** pour le chevalier.

Comme elle coûte très cher, elle **se transmet** souvent de père en fils.

L'épée, fixée au **baudrier**, se porte sur le côté gauche. Le chevalier peut ainsi la dégainer de la main droite.

Avant de s'élancer au galop, les chevaliers tiennent leur **lance** à la **verticale**.

Quelle **force** au moment de l'impact ! Lancé à pleine vitesse, un combattant a transpercé l'armure de l'autre.

La **hache** peut s'utiliser pour frapper de taille avec le tranchant et d'estoc avec la pointe.

Avec sa tête hérissée de pointes, la **masse d'armes** est une arme de choc.

Le **fléau d'armes** est redoutable. Avec sa masse, il peut briser les os.

L'**arbalète** permet au chevalier à pied de viser un ennemi à distance avec des flèches appelées des carreaux.

PARTIR À LA GUERRE

Les chevaliers sont avant tout des soldats. Ils doivent quarante jours par an à leur suzerain pour mener des expéditions : embuscades, attaque d'un château voisin pour agrandir son domaine...

Les chevaliers **surveillent** les terres de leur suzerain.

Ils **chassent** les brigands et **empêchent** les pillages.

Il y a souvent des **disputes** entre deux seigneurs voisins pour **contrôler** un village ou des terres.

Le seigneur réunit ses chevaliers. Ensemble, ils décident d'**attaquer** le château voisin.

Un **héraut** s'y présente et demande aux occupants de se rendre. Évidemment, ils ne sont pas d'accord !

Le seigneur et son armée **encerclent** alors le château. C'est le début du **siège**.

Entrer par la ruse...

Les assaillants trouvent parfois un **complice** qui accepte d'ouvrir les portes du château à la nuit tombée.

Il ne reste plus qu'à **empoisonner** le puits du château. Voilà un moyen malin de mettre fin à un siège !

LES GRANDES BATAILLES

À l'attaque !
Deux **armées** en rangs serrés sont prêtes à s'affronter.

Les chevaliers **chargent** encore et encore.
Les **fantassins** tirent avec leurs arcs et leurs arbalètes.

À la **bataille d'Azincourt**, 6 000 chevaliers français sont tués par les archers anglais.

LES CHEVALIERS EN CROISADE

À l'époque, la religion a une place importante. Des rois et des chevaliers partent en terre lointaine pour défendre la religion chrétienne et se battre contre les Sarrasins, de religion musulmane.

La ville sainte de **Jérusalem** est occupée, les **pèlerins** ne peuvent plus y entrer.

Les chevaliers font un long et difficile voyage par la terre pour **libérer** la ville.

Il y a eu huit **croisades** opposant les **chrétiens** et les **Sarrasins**… et beaucoup de morts !

Les **Templiers** sont des moines-soldats qui protègent les pèlerins.

Les **chevaliers-Hospitaliers** apportent des soins aux croisés et aux pèlerins malades.

Les **chevaliers Teutoniques** ont essayé de conquérir la Russie et se sont battus contre les chevaliers-archers mongols.

Le krak des Chevaliers : une forteresse au bout du monde construite par les croisés

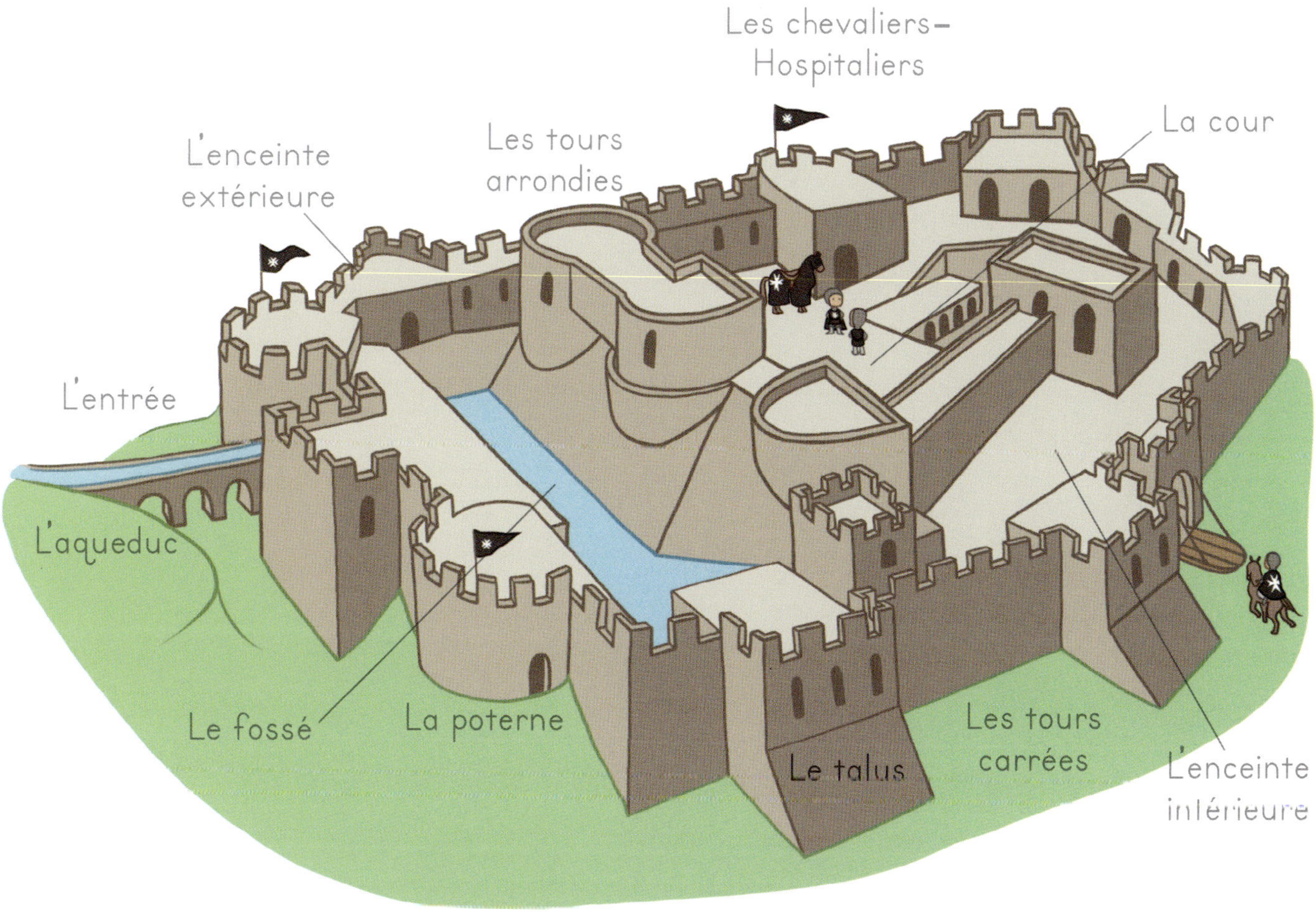

Godefroy de Bouillon, héros de la première croisade

Après trois ans de voyage suivi de son armée, Godefroy de Bouillon est un des premiers croisés à entrer dans la ville de Jérusalem.

VIVRE AU CHÂTEAU

UN CHÂTEAU PERCHÉ

Des premières constructions de bois aux fortifications de pierre, les châteaux ont beaucoup changé. Ils ont souvent été construits en hauteur, sur une motte, une colline ou un rocher.

Les premiers châteaux sont de simples tours de **bois** construites sur une motte de terre et entourées d'une **palissade.**

Ils sont très faciles à incendier et ne sont pas assez solides pour résister aux **attaques.**

Plus tard, les châteaux sont construits en **pierre.** Une **enceinte** protège le **donjon** carré où vit le seigneur et sa maisonnée.

Ensuite, le donjon, devenu rond, sert de **tour de défense** et de refuge en cas d'attaque du château.

Le château, une forteresse imprenable !

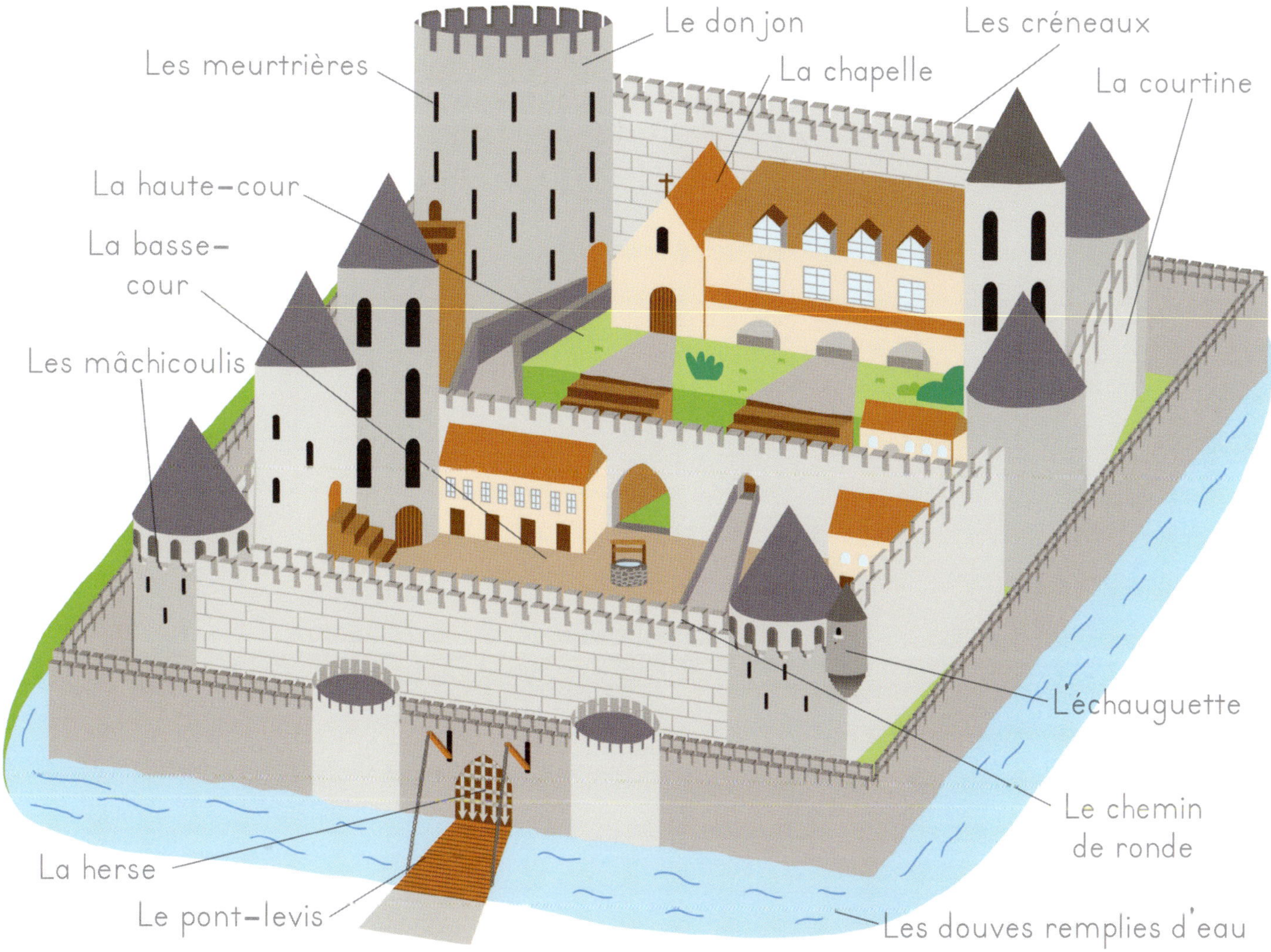

LA DISPARITION DES CHÂTEAUX FORTS

Malgré des essais pour s'adapter, les châteaux forts n'ont pas résisté à l'apparition des boulets de **canon**.

Plus de **pont-levis** mais de larges fenêtres. Les châteaux deviennent des résidences confortables et élégantes.

UNE LONGUE CONSTRUCTION

Quel chantier ! Le seigneur a choisi un emplacement idéal et confié les plans du château à un architecte. Il faut de nombreuses années et des ouvriers qualifiés pour en mener à bien la construction.

Pour tracer les plans et les gabarits, l'**architecte** utilise la règle, l'équerre et le compas.

Pour assurer la solidité du château, il faut creuser et **maçonner** de profondes **fondations.**

Quel travail ! Les **ouvriers** doivent transporter tous les matériaux : les pierres, le sable, l'eau...

Avec son système de **poulies**, la **roue** à écureuil permet de **soulever** des charges très lourdes pesant jusqu'à 500 kilos.

Pour monter les murs, les **maçons** utilisent des **échafaudages** reposant sur des poutres fixées dans le mur.

PENDANT L'HIVER

Pendant l'hiver, le chantier est au ralenti, car le **mortier** pourrait geler.

Les maçons taillent les pierres et y **gravent** leur **signature**, car ils sont payés au nombre de blocs taillés.

UNE ENTRÉE BIEN PROTÉGÉE

N'entre pas dans le château fort qui veut ! L'entrée est souvent le point faible des châteaux et de nombreuses astuces sont imaginées pour la fortifier et la rendre infranchissable.

Impossible de s'approcher des murailles avec les **douves**, de larges **fossés** remplis d'eau !

Qui va là ? Grâce au **pont-levis**, aucun moyen de passer sans y être autorisé.

Pour abaisser la **passerelle** de bois, des gardes actionnent un système de **chaînes** et de **poulies**.

La porte d'entrée du château est encadrée de deux **tours** rondes percées d'**archères** pour décocher des flèches.

Une fente dans le plafond du passage d'entrée permet d'**assommer** l'ennemi avec des objets.

Clac ! En un éclair, on baisse la **herse**, une lourde grille de bois et de métal, pour empêcher les **intrus** de passer.

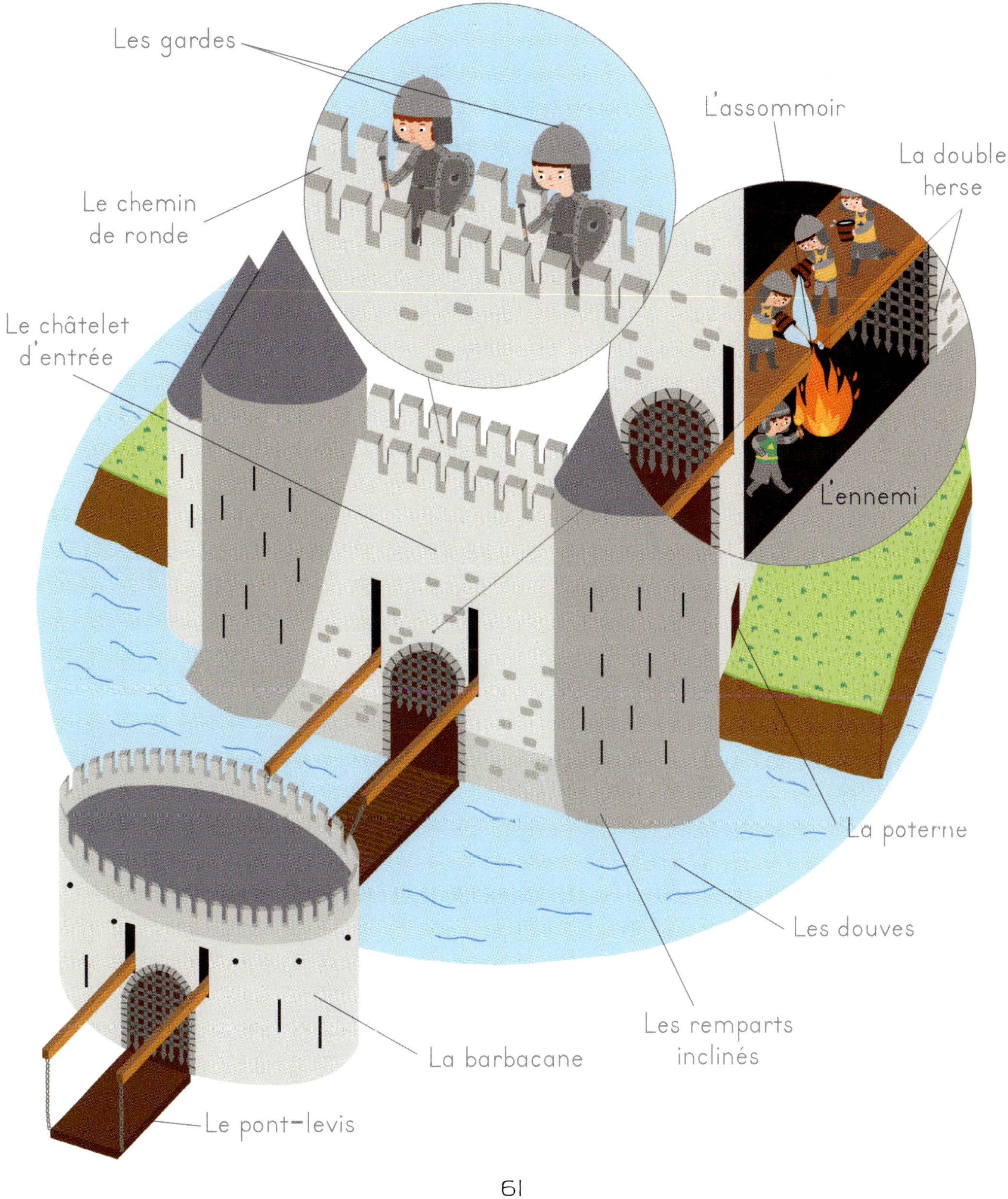
Les gardes
L'assommoir
La double
herse
Le chemin
de ronde
Le châtelet
d'entrée
L'ennemi
La poterne
Les douves
Les remparts
inclinés
La barbacane
Le pont-levis

À L'ABRI DES REMPARTS

Quelle animation dans la basse-cour du château ! Animaux, paysans, artisans, commerçants... Une fois les remparts franchis, c'est une vraie petite ville très vivante qui surgit.

La vie quotidienne

Rendez-vous au **puits** ! On vient chercher de l'eau pour le linge, la cuisine ou la toilette du seigneur.

Ces paysans viennent **livrer** des graines, car une part de leur **récolte** revient au seigneur.

Des volailles, des cochons, un potager, il y a tout ce qu'il faut pour **se nourrir** au château.

Voici les maisons à toit de **chaume** dans lesquelles vivent les serviteurs.

Dans la cour, les enfants jouent à la **toupie**, au **cerceau** ou aux **osselets**... quand ils ne doivent pas travailler.

Ce **marchand** vient régulièrement vendre des épices et des tissus précieux.

C'est facile de dessiner un château !

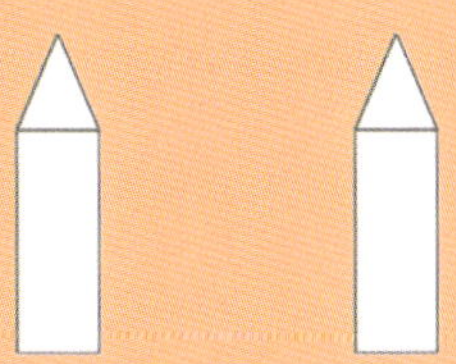

Dessine deux rectangles au toit pointu. Ce sont les **tours**.

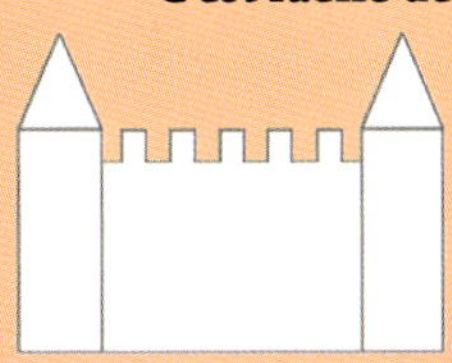

Entre les deux en haut, trace des **créneaux**.

Trace la porte et un quadrillage : voici la **herse**.

Choisis de belles couleurs et ajoute des **drapeaux**.

À toi de jouer !

LE DONJON, AU CŒUR DU CHÂTEAU

La haute-cour est le territoire réservé au seigneur, à sa famille et aux chevaliers. Le donjon est la plus haute tour du château et l'endroit le mieux protégé.

Pas facile d'entrer dans le **donjon**. Il faut grimper à l'**échelle** jusqu'à une petite porte en hauteur.

Brrr ! Le donjon est **sombre** et **froid** avec ses murs épais et ses minuscules ouvertures.

Accès privé ! Un petit **escalier** caché permet de rejoindre la chambre du seigneur.

Tout le monde dans la même **chambre** : le seigneur et sa famille dans le grand lit et les serviteurs sur le sol.

Il n'y a pas d'armoire au Moyen Âge. Les vêtements sont rangés dans des **coffres**.

Pour plus de **confort**, le seigneur et sa famille logent parfois dans un bâtiment **indépendant** du donjon.

LA VIE DE TOUS LES JOURS AU CHÂTEAU

Dans son vaste château, le seigneur protège de nombreuses personnes : sa dame et leurs enfants, les gardes, les chevaliers, les serviteurs... Cela montre son pouvoir et son autorité.

De temps en temps, le seigneur aime prendre un bain chaud **parfumé** aux herbes et aux fleurs.

Pour se nettoyer les dents, il fait des **bains de bouche** et utilise un **cordon de soie.**

Les **latrines,** simples trous dans les murs, sont les toilettes du château.

Tous les matins, le **chapelain** donne la messe dans la **chapelle** du château.

Vers dix heures, on se retrouve pour le **repas** principal : jambon, pain, potée de légumes.

Les enfants du seigneur ont le temps de **jouer** à la poupée de chiffon ou de chevaucher des chevaux bâtons.

LA JOURNÉE DE DAME MARGAUX

Tous les matins, la **dame d'honneur** aide dame Margaux à s'habiller et à coiffer ses longs cheveux.

Si le seigneur est absent, c'est dame Margaux qui **reçoit** les invités et **gère** la vie du château.

Avec le **régisseur**, dame Margaux **surveille** les dépenses et prévoit les victuailles pour les repas et les banquets.

C'est elle qui **éduque** ses filles : elle leur apprend à lire, à chanter, à écrire des poèmes.

Quand elle n'est pas occupée, dame Margaux **file** la laine et brode des tapisseries en bonne compagnie.

Elle aime aussi se promener dans les **jardins** et lire, discuter ou se reposer.

À LA MODE DU CHÂTEAU

Le seigneur et sa dame attachent beaucoup d'importance à leurs vêtements et à leur apparence. Leurs beaux habits aux couleurs éclatantes sont le signe de leur richesse et de leur puissance.

Au début du Moyen Âge, la dame porte une longue **robe** ample, le **bliaud**, ornée d'une longue ceinture.

Plus tard, elle superpose une **cotte**, un **surcot** sans manches et un **mantel**. Ses cheveux sont coiffés de **résille**.

Quelle allure ! Au XVe siècle, la dame porte une robe bordée de **fourrure** et une coiffe pointue, le **hennin**.

Par-dessus ses **braies** et sa chemise de lin, le seigneur aussi porte un **bliaud** avec une ceinture ornée.

C'est ensuite la mode de la **houppelande**, un manteau long et ample. Le seigneur couvre sa tête d'un **chaperon**.

À la fin du Moyen Âge, le seigneur porte un **pourpoint** avec des chausses moulantes et des chaussures pointues, les **poulaines**.

La fabrication des vêtements : le travail des artisans

Le **tisserand** entrelace les fils de laine sur un métier à tisser.

Puis c'est au tour du **teinturier** : il plonge le tissu dans un bain de colorant.

C'est enfin le **tailleur** qui coupe, coud et vend les robes, les surcots, les mantels...

Pour les tenues de fête, on choisit des tissus **précieux** : velours, soie, fourrure.

LES HABITS DES PAYSANS

Pas de couleurs vives pour le paysan : une tunique sur des braies, un chaperon et des **houseaux** en peau de mouton.

Sa femme porte une simple robe de **laine** recouverte d'un tablier et noue sur sa tête un carré de **toile** blanche.

LE SEIGNEUR, MAÎTRE EN SES TERRES

Les grands seigneurs ne se contentent pas de régner sur un château. Ils en possèdent parfois plusieurs et sont les maîtres de toutes les terres aux alentours. C'est leur seigneurie.

Les corvées des paysans

Dans l'année, les paysans doivent plusieurs jours de travail **gratuit** au seigneur.

Il faut **nettoyer** les fossés...

... **transporter** du bois coupé pour chauffer le château...

... **faucher** les herbes hautes des prés et les faire sécher pour nourrir les animaux.

Des taxes à payer

Les paysans doivent **payer** pour utiliser le four à pain, le pressoir, le moulin.

En échange de leur terre, les paysans paient un **impôt** en argent au seigneur : le **cens**.

Le sais-tu ?

Quand le seigneur quitte le château, il en confie la garde à l'**intendant**. Celui-ci surveille aussi les travaux des champs. Il se montre souvent **dur** avec les paysans.

LE CHÂTEAU ATTAQUÉ

L'ATTAQUE SE PRÉPARE

C'est le branle-bas de combat ! Un seigneur ennemi a envoyé un héraut pour annoncer son intention d'attaquer. Le seigneur et ses chevaliers sont bien décidés à résister.

Les engins d'attaque

Le **mangonneau** est un engin à contrepoids qui permet d'envoyer des **projectiles** très lourds.

L'ingénieur fait construire une **tour de siège.** Remplie de soldats, elle servira à **franchir** les murailles.

Pour dissuader les assiégés de sortir, on les vise avec l'**arbalète géante.**

Les assaillants se préparent à détruire les murs en projetant des **boulets** avec la **catapulte.**

Avec un gros tronc d'arbre, on construit un **bélier** qui servira à **enfoncer** la porte d'entrée.

Pour s'approcher des remparts, les archers se protègent derrière des **mantelets** de bois.

LE TRÉBUCHET, UNE REDOUTABLE MACHINE

Le bras pivotant a été abaissé. Le **trébuchet** est prêt !

Il faut des hommes **habiles** pour libérer le contrepoids et mettre le bras en mouvement.

Quel choc ! La **fronde** libère le boulet de plus de 100 kilos contre le mur du château.

LE SIÈGE DU CHÂTEAU

Pour en empêcher le ravitaillement, les assaillants ont encerclé le château. Le siège peut durer longtemps et l'attente devenir épuisante pour les deux camps.

Les préparatifs de défense

Les villageois se sont **réfugiés** au château avec leurs animaux, qui fourniront de la nourriture.

Les paysans ont apporté avec eux des **réserves** pour tenir un long moment.

Pour **empêcher** les assaillants de se ravitailler aux alentours, on a brûlé les maisons et les récoltes.

Les **charpentiers** construisent en hâte des **hourds** de bois en haut des tours.

Le forgeron travaille d'arrache-pied pour fabriquer des **carreaux d'arbalète**, des **pointes de flèches**...

Amuse-toi !

Retrouve dans l'image du siège :

l'**archer** au-dessus de l'entrée

l'**attaquant** en train de manger

le **soldat** en haut du donjon

UNE DÉFENSE EFFICACE

L'assaut est lancé, c'est la bataille ! Face aux boulets projetés par la catapulte et le trébuchet, la défense s'organise : archers, soldats, chevaliers sont prêts à tout pour sauver le château.

Pour blesser les chevaux et les hommes, on sème dans le camp ennemi des **chausse-trapes** à quatre pointes.

Par le trou de l'**assommoir**, les habitants du château jettent de la poix ou de la chaux brûlantes sur l'ennemi.

Femmes et **enfants** participent aussi. Avec la **pierrière**, ils envoient des **boulets** sur l'ennemi.

Lors des combats à l'**intérieur** des tours, l'assaillant est gêné par l'**escalier** pour manier son épée.

Pour répandre des **maladies**, les assaillants envoient parfois des **carcasses d'animaux** dans le château assiégé.

VICTOIRE !

Alerté par un messager, un seigneur ami arrive au secours du château avec son armée. Les assaillants épuisés lèvent le siège : le château est sauvé.

C'est parfois l'**hiver** qui met fin à la bataille. Les **assiégeants** sont chassés par le froid...

... ou par le manque de réserves. Sans eau ni nourriture, mieux vaut **renoncer** !

Pas de pitié pour les soldats ennemis en fuite ! Ils sont **exécutés**.

Les armes et les armures des vaincus font de belles **prises** de guerre.

Le seigneur ennemi et ses vassaux sont faits **prisonniers**. On attend une **rançon** pour les libérer.

En attendant, ils sont plutôt bien traités et mangent parfois à la **table** du seigneur.

Record de rançon

Fait prisonnier par les **Anglais** à la bataille de Poitiers, le roi de France **Jean II le Bon** doit payer une énorme **rançon** et livrer deux de ses fils et son frère en **otages** pour être libéré.

Le sais-tu ?

DES CHEVALIERS REMARQUABLES

LES SAMOURAÏS

Loin des châteaux forts, au Japon, les samouraïs formaient un clan de puissants guerriers au service d'un seigneur, le *daimyo*. Ils ressemblaient un peu à nos chevaliers.

Une dure éducation

Dès 6 ans, le jeune **samouraï** est séparé de sa mère et rejoint le ***kochigo***, le groupe des plus jeunes.

L'**apprentissage** est **dur** et le jeune garçon est parfois privé de repas ou obligé de marcher pieds nus dans la neige.

À 11 ans, il appartient au groupe ***osechigo***. Sans relâche, il **s'entraîne** à tirer à l'arc et à monter à cheval.

À 15 ans, le samouraï rejoint le groupe ***nise*** et pratique les **arts martiaux** de mieux en mieux.

Il devient aussi un **expert** du maniement du **sabre**, l'arme préférée des samouraïs.

Toute sa vie, le samouraï respecte un **code moral**, le ***bushido*** : il se dévoue à la guerre et doit **fidélité** à son seigneur.

Un combat de samouraïs

UNE FORTERESSE SAMOURAÏ

La **forteresse japonaise** est un vrai labyrinthe, avec plusieurs cours et un donjon central tout en hauteur.

LES CHEVALIERS MONGOLS

Sous le commandement de leur redoutable chef Gengis Khan, les chevaliers mongols, excellents cavaliers sans peur et sans pitié, ont conquis un immense empire.

GENGIS KHAN LE CHEF MONGOL

Fils d'un chef de tribu, **Gengis Khan** perd son père très jeune et vit seul dans la **steppe** avec sa famille.

Devenu adulte, Gengis Khan réunit les tribus mongoles et part à la **conquête** du monde à la tête de son **armée.**

Pas de pitié pour les habitants ! Les villes qui refusent de se rendre sont **pillées** et **incendiées.**

Les **Mongols** sont les premiers à utiliser des bombes, des boules de céramique remplies de poudre noire.

Gengis Khan meurt à la suite d'une chute de cheval. Ses quatre fils se partagent son immense **empire.**

Le sais-tu ?

Les Mongols sont des **nomades** habitués à se déplacer et à dormir dans des campements de **yourtes**. Ils vivent de l'**élevage** et ont ainsi de bonnes réserves pour mener leurs grandes **expéditions**.

DES CHEVALIERS CÉLÈBRES

Certains chevaliers se sont tellement fait remarquer par leurs exploits et leur courage que l'on se rappelle encore d'eux aujourd'hui. Ils font partie de l'histoire et ont même inspiré des légendes.

Le **chevalier Roland**, neveu de Charlemagne, a été pris dans une embuscade au col de **Roncevaux.**

Avec son cor, il a appelé **Charlemagne** au secours, mais a finalement perdu la vie et est devenu le **héros** d'une **chanson.**

Bertrand Duguesclin, réputé pour sa laideur et son caractère combatif, a reçu du roi le titre de Connétable de France.

Surnommé le chevalier « sans peur et sans reproche », le **chevalier Bayard** donnait l'image du parfait chevalier.

Les chrétiens comme les musulmans considèrent **Saladin,** le grand chef musulman, comme un héros.

LA VIE DE RICHARD CŒUR DE LION

Fils d'Henri II, roi d'Angleterre, et d'Aliénor d'Aquitaine, **Richard** grandit auprès de sa mère, qui l'adore.

Éduqué en guerrier, Richard montre rapidement ses **qualités** de chef et de chevalier.

Couronné roi d'Angleterre à l'abbaye de Westminster, il ne parle pas un mot d'anglais !

Il s'embarque pour la 3e **croisade,** où il **affronte** le grand chef musulman Saladin sans réussir à reprendre Jérusalem.

À son retour de croisade, il est fait prisonnier par le duc d'Autriche... puis libéré contre une énorme **rançon.**

Pendant le siège du château de Châlus, il est blessé par un **carreau d'arbalète** et meurt quelques jours plus tard.

LES CHEVALIERS DE LA TABLE RONDE

La légende du roi Arthur est née au Moyen Âge. Devenu roi suite à une aventure merveilleuse, Arthur réunit autour de la Table ronde les chevaliers les plus purs et les plus courageux.

LA LÉGENDE DU ROI ARTHUR

Sur les conseils de **Merlin** le magicien, **Arthur**, fils du roi de Bretagne, est éduqué loin de la cour.

Arthur se révèle être le seul chevalier capable d'extraire l'épée magique **Excalibur** de son rocher.

Devenu roi, il se marie avec **Guenièvre**, fille d'un roi ami.

Lancelot a grandi auprès de la **fée Viviane** dans le palais qu'elle habite au fond d'un lac. Elle en a fait un parfait chevalier.

Lancelot et Guenièvre tombent amoureux au premier regard. Cet **amour** cause leur **perte**.

Galaad est le fils de Lancelot. Le plus jeune des chevaliers, il accomplit la quête du **Graal**, la coupe sacrée.

Tué par son neveu **Mordred**, Arthur est emmené en bateau sur l'île d'**Avallon** par la **fée Morgane**.

INDEX

H

J

L

M

P

Q

R

S

T

V

RÉDACTION

Agnès Besson

ILLUSTRATIONS

Devenir un chevalier : **Gaëlle Souppart**
Une vie de chevalier : **Camille Tisserand** (pages 30-45)
et **Anna Lubinski** (pages 46-53)
Vivre au château : **Rebecca Galera**
Le château attaqué : **Adèle Combes**
Des chevaliers remarquables : **Thomas Priou**

Direction de la publication : Sophie Chanourdie
Édition : Magali Marquet
Responsable artistique : Laurent Carré
Mise en pages : Pascale Darrigrand
Fabrication : Rebecca Dubois

21, rue du Montparnasse 75006 Paris

ISBN : 978-2-03-595254-7
Photogravure : Irilys
Imprimé en Espagne par Egedsa
Dépôt légal : septembre 2018
320972 -01 - 11037265 - août 2018